Les Minutes Parisiennes

1 HEURE DU MATIN

LES SOUPEUSES

PAR GUSTAVE COQUIOT

DESSINS DE G. BOTTINI

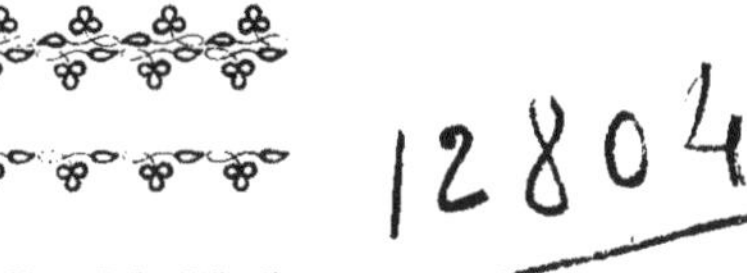

Ollendorff
PARIS

Prix : 2 francs

Les

Minutes Parisiennes

IL A ÉTÉ TIRÉ A PART

108 exemplaires sur papier de Chine,
et 28 exemplaires sur papier du Japon

Numérotés à la presse

Les Minutes Parisiennes

GUSTAVE COQUIOT

I Heure du Matin

Les Soupeuses

Illustrations de Georges BOTTINI

GRAVÉES SUR BOIS

PAR T.-J. BELTRAND ET DÉTÉ

PARIS

SOCIÉTÉ D'ÉDITIONS LITTÉRAIRES ET ARTISTIQUES

Librairie Paul Ollendorff

50, CHAUSSÉE D'ANTIN, 50

1903

UNE HEURE DU MATIN

Une heure du matin. Les derniers omnibus roulent, au trot pesant de l'attelage, ramenant au logis les attardés, ceux qui furent aux spectacles, ceux qui visitèrent des amis aux quartiers lointains. Les boutiques, illuminées tout à l'heure comme des reposoirs, sont closes ; et seuls les cafés flambent, gros yeux blancs ou jaunes, dardés sur les terrasses, ou clignotant derrière la buée des vitres ; tandis que le Paris du négoce va vers les couettes, songe aux bonnets de coton, aux foulards protecteurs des sommeils.

Aux quartiers excentriques, aux terrains de la zone, banlieues de Levallois ou de Saint-Ouen, l'heure est devenue inquiétante ; mais ici, aux boulevards, elle reste comique de par tous les gens qui se trompent d'omnibus, qui les manquent, ou qui s'attardent, « manilleurs » acharnés, bavards incorrigibles. En un instant, tout un monde de petits grotesques vit : petits fonctionnaires, petits négociants, petits employés, aux prises avec mille aventures saugrenues, aux prises surtout avec la nuit. Dès que le soleil ne luit plus, tous en effet, vous le savez, perdent la tête, et pestent contre le sort, jetant des regards épouvantés aux façades noires, bousculant d'une hâte folle leur course déjà éperdue. L'idée comique s'exprime par un tromblon enfoncé jusqu'aux oreilles, ou par un cache-nez, dont les pans, à cause de la rapidité de la fuite, se tiennent horizontaux ; mais tous surtout, sans bravoure, filent par les rues d'ombre, comme s'ils avaient à leurs trousses une meute. De temps en temps, certes, une voiture de vidange pile lentement, très lentement, de son pesant tonneau, le sol ; mais le conducteur somnole, et l'on aurait tout le temps d'être étripé, avant qu'il ne vînt à votre secours. Brrr ! à cette pensée, le passant attardé file plus vite et, long flandrin ou bonhomme obèse, il rase les maisons, il quête des secours, il espère de toutes ses forces un retour sans périls.

Une heure du matin. On revoit encore les intérieurs bourgeois, où Madame est couchée, le cheveu orné de bigoudis, où Monsieur souffle et ronfle, où le chat familier rôde silencieusement par les pièces, maître de tout un domaine.

Le délicieux décor d'une solennité niaise, d'une puérilité attendrie.

Bons gros meubles recouverts en toutes saisons de housses, chère couronne de mariée sous un globe en forme de courge. Et vous y êtes aussi, savoureuses mines de plomb, exécutées par Madame, d'après les « Modèles choisis » de Cicéri ; et vous n'y manquez pas non plus, beaux coussins en tapisserie, œuvres d'une collaboration intime, d'une union touchante. Quand Madame lâchait le fil, Monsieur le reprenait ; et ainsi furent représentés des fleurs, des maisonnettes, des animaux. Aux murs, aux fenêtres enfin, pas de lampas, pas de brocarts, pas de gros de Tours ni même de Venise, mais de charmantes indiennes, de plaisantes cretonnes ; et l'on hume le parfum de tout cela, un parfum de frangipane, gâté d'une légère pointe de moisi.

Mais aux boulevards, voici maintenant qu'une nouvelle foule apparaît, rôde et vient vivre. Ce sont les noctambules : les petits et les grands viveurs, gens de toutes sortes et de toutes classes.

L'œil éveillé, ils vont, quêtant, furetant, et se mêlent aux filles et aux errants, qui battent de leurs lourdes semelles les trottoirs hospitaliers.

Ils sont commis en goguette,

cabotins pris de fringale à la sortie du théâtre, bourgeoises curieuses de restaurants de nuit ou négociants désireux de s'égayer.

Mais ils sont surtout boursiers, croupiers, journalistes et filles de théâtre, « théâtreuses » et « soiristes », ceux et celles qui soupent, en véritables professionnels de l'heure, de cette minute parisienne après minuit, où il faut à tout prix, aux sons de violons épileptiques, se sustenter et s'abreuver.

LES GRANDES SOUPEUSES

On songe d'abord à elles, naturellement, ces « promeneuses de falbalas », ces « magasins de linges et de pelleteries », les grandes soupeuses, filles de haut luxe, jaseuses et folles, têtes petites et longs corps, effilées, sveltes, amincies jusqu'à l'extrême. Roseaux ployants, mais certes pas pensants, elles sont toujours les mêmes dans une période donnée du temps ; elles composent celles que la Réclame et la Chance ont poussées au premier rang de la galanterie; elles sont les bien rentées ou les bien tarifées, si joliment « faites » d'ailleurs, si joliment maquillées, toujours parées, toujours armées, et avançant à pas menus, le flot des jupes battant lourd, avec des dessous Jesurum ou école de Burano.

La grande soupeuse! Elle est vraiment splendide et elle est vraiment l'indispensable invitée, tandis que, gaie d'humeur, elle ambule, rose et moite, turbulente et volubile.

Fête de son regard, niaiserie de ses propos! Cela disparait, est vite oublié sous l'éclair répété des yeux. Exactes harmonies aussi des costumes, des attifements, du décor et de l'heure. La fille, pérennellement, offre au soleil, à la lumière, les artifices de ses goûts, l'orgueil de son triomphe. Elle marche, s'asseoit et se berce dans un charme enveloppant de costumes, dans de la recherche perpétuelle de nuances jolies. Pour sa tâche, amoureuse sans lassitude, elle offre alternativement la joie décidée du rose, la joie d'arrière-saison du lilas, la sérénité du vert, la joie arrogante du jaune.

Le matin, toutes baies ouvertes, ce sont de longues paresses dans la plénitude du soleil, qui perce, de ses flèches, sa chair amoureuse. La demeure, parallèlement, se fait pimpante et s'égaye de ses faïences multicolores, de ses peintures revernies; et les parfums des fleurs s'épandent maintenant, mélangés de musc, de kiss me quick et de champaka.

Apparat encore des après-midi! Splendide gerbe de femmes roses, jaunes et bleues, quand elles s'avancent sous l'abat-jour d'un parasol fleuri, et qu'elles se mêlent, vont et viennent, plus éclatantes et plus épanouies que les fleurs, plus attirantes et si gaies, amusées de leurs propos, dansant sur leurs hanches, ondulant et faisant valoir la soie de la peau, laissant le sillage de lumières vives, d'impossibles couleurs ; — et si inquiétantes dans le nuage des white héliotrope, des wood violet et des snouw rose !

Cortège de filles inouïes pour la parade ; admirables bêtes de vice, heureuses de leur rôle, des airs de manège appris, de tourner ainsi en rond, — avec des grâces !

Mais ces orageuses trousse-jupes sont plus splendides encore quand elles défilent en escadrons compacts, de toutes armes, de toutes tailles, et que, cuirassées de soie ou à l'aise dans les dentelles, elles vont, droites, glorieuses, impassibles, l'œil largement ouvert et fixe. Elles vont, légères, remuant le flot des jupes qui bat sur leurs pieds, finement chaussés de peau glacée, de frêle vélin blanc.

Elles composent le bataillon des filles élues, triées dans la horde des ambulantes perdues, le soir, aux chantants, aux coulisses, dans les

coins des maisons closes. Elles ont les ressources diverses des duperies d'amour; et elles les affirment pleinement dans leurs gestes, surtout dans la bousculade forcenée des sports.

Une voiture, puis deux, puis trois; et roule le défilé de leurs charrettes d'été, boîtes vernies, bois ou osier : Polo-cab, Stanhope-cab, Epsom-cab, Rallye-cart, Poney-chaise, Village-cart.

Cobs nerveux filent et s'ébrouent, comme brossés à neuf, et les filles, la main gantée de peau de chien, se roidissent, les yeux rivés sur les oreilles du cob, avec, sur le front, l'ombre douce du grand chapeau fleuri et des dentelles point de Venise et fleurs d'Alençon.

Elles se croisent ou se dépassent, se jugeant d'un coup d'œil exercé, avec des moues d'exorables gamines; et, très hautaines un instant, le col tendu, elles s'appliquent à demeurer le fouet haut, immobiles, toutes droites.

La fille, en ces charrettes vernies, singe indéniablement les attitudes de la bête de luxe qu'elle mène au bout d'un fil, avec une science si parfaite. Attitudes réjouissantes, certes, pour sa joie propre, pour le passant de la route, pour le groom qui, derrière elle, ne bouge d'un pouce, vrillé dans la gaine de ses bottes à revers ; — si heureuse, semble-t-elle, des « fumées » qu'elle laisse, du sillage de désirs qui court derrière elle et la suit, — elle, orgueilleusement fleurie d'une splendide fleur, à la pointe de son casque.

Mais d'où viennent-elles, ces filles de haute marque ? Quelles sont-elles ? Quelles cages virent naître ces chers volucres des îles, volucres rouges, verts, bleus, jaunes, volucres chers, précieux bengalis, délicieux colibris ; tribu ramageante et bruyante de petites cervelles, de petits fronts têtus, barrés, de petites

bouches sensuelles, carminées, sanglantes?

Courtisanes heureuses, savent-elles encore l'histoire commune à la plupart : la loge d'où elles s'évadèrent, la chambre, le galetas, d'où elles décampèrent un soir, lasses enfin d'être battues? Et le miroton qu'elles préparaient? Tout ça, c'est loin; ça remonte à des temps; ça date de l'école communale, quand, le déjeuner mal apprêté dans le petit panier à deux couvercles, on portait une natte sur la nuque. Et la mère est peut-être morte, maintenant ; le père à Poissy ou cocher, cocher maraudeur « faisant les gares » ? Une vieille histoire que tout cela ! et si le frère et la sœur l'ont suivie, la grande soupeuse ; s'ils sont allés, comme elle, aux lits dorés ; certes, ce n'est point un mauvais choix. Ça ne nourrit guère, en effet, de « trimer » à l'usine ; et, tant que l'usine sera réservée aux pauvres, il vaudra mieux se libérer.

Mais, tout de même, elle a aussi sa tâche, la grande soupeuse : il faut qu'elle soupe, toujours ; il faut qu'on la revoit, à sa place, chaque nuit. Elle doit être l'éternelle figurante des restaurants chers ; être l'acclamée, la visitée, celle que les princes et les gens de cercles, les bookmakers enrichis et les journalistes entretenus, doivent retrouver, confiante, heureuse d'une haute situation galante enfin conquise.

Elle est courtisane ou bien étoile de music-halls, ces petits théâtres où l'on « raccroche ». Mais cette obligation de souper chaque nuit, ce perpétuel retour à la même table, dans le même décor d'un luxe banal, — cariatides et consoles dorées et peintures sottes (décorations pour

hammams ou salons de grands meublés), — les opprime, à la longue, les soupeuses professionnelles ; et elles prennent vite un air d'ennui insolent, qui les incite à la gouaille, à l'ordure des propos, pour oublier. Et puis, c'est la sempiternelle répétition des mêmes plats et des mêmes vins. Sommeliers et maîtres d'hôtels sont impuissants à leur donner un désir. Elles demandent des choses chères qu'elles chipotent ; elles se plaignent, elles geignent, elles réclament bruyamment un mets plus fin, un vin d'arome et de bouquet

plus fameux. Mais rien bientôt ne les tente plus, malgré l'ordonnance des fleurs et des fruits, les filles à grand plumage ; rien ne contente, rien n'apaise ces oiseaux fous, toutes plumes, toutes dentelles, toutes parures fracassantes, à la petite tête épanouie, et que bercent sans cesse les tziganes de Boldi.

Ces volucres ennuyés jasent, se débrident seulement, ont des exaspérations de rires, de vives et stridentes joies, quand ils commencent à s'enivrer entre les murs d'un

cabinet, et qu'on les excite et qu'on les fouaille. Alors, en un tour de main, la fille se dévêt et miaule, la tête bientôt perdue, les mains fourrageuses, les yeux chavirés. La fille, saoule, enfin s'amuse. Dans les cabinets voisins, on se met aussi à tapager ; c'est ce qu'on appelle « faire la fête ». C'est plutôt toute la parure gâchée en un instant, les mains accrochées aux dessous riches, toute la ribote des sens, l'ennui secoué ; et l'on jette les mains en avant, l'on cercle des cous, des croupes ; on se pocharde en hurlant, en tâchant d'aimer ; on déshabille les filles, on les dresse nues, et l'on acclame, en chœur, leur chair bleuie, rougie, marbrée, contusionnée de tapes et de coups.

— Lianon, Lianon, que je te mange, ô mon Lianon !

Mais qui les fait vivre ces grandes soupeuses ? Qui leur donne la litière chaude ? Quels sont ceux enfin qui les entretiennent à grands frais, individuellement ou par syndicats, comme on fait vivre une écurie de courses ? Sont-ils comtes ou ducs, boursiers ou croupiers, négociants ou rentiers ? Ils sont tout cela, et, quelquefois, altesses ou rois. Et si vous voulez connaître d'ensemble leur physionomie physique, évoquez à loisir des faces pâles ou vertes, des ventres secs ou obèses, d'une laideur également superbe. Mais, mieux encore, rappelez-vous les « Habitués des Acacias », piliers de turf et de tripots : têtes coniques, en pyramides, en pommes d'arrosoir, en poires, en figues, têtes grotesques, faces écrasées, pilées, groins et mufles; rappelez-vous les détails : les nez : grossis, relevés, en pieds de marmite, en battants de cloches, en tubercules de comices; les lèvres :

lippues, détendues, difformes, en rebords de pots de chambre, en bourrelets et en poches; les yeux : en trous de sifflets ou tout ronds en hublots; les oreilles : larges, décollées, sans lobes, sans ourlets, en escalopes et en plats à barbe; les cheveux plats, le crâne comme une bille; le front barré, pas venu à terme; toute la face, ignominieuse, hostile. Sans doute, vous vous direz alors que les grandes courtisanes sont de bien singulières paonnes pour vivre des soirs, tous les soirs, avec de tels compagnons; et, en effet, si on les suit, ces filles, si on les accompagne une fois, ces viveurs, l'ennui le plus pesant vous poigne; et vous vous demandez quel plaisir ils ont à vivre tous les soirs de toute une année, de cette façon-là, et ensemble.

Les grandes soupeuses! on pourrait les dénommer simplement : des toilettes qui se pavanent, des mannequins qui sortent. Car elles sont encore les filles empanachées des casinos et des journées de Longchamp; celles que certains quotidiens désignent au lendemain des sensationnelles réunions du turf; tout un lot, en somme, de filles qui valent et qui attirent par les toilettes dont elles sont parées, ce naturel et complet ornement des hippodromes aux tribunes fleuries, où le rouge des ombrelles et les fleurs jaunes, bleues, orange, des robes, se mêlent et rutilent au-dessus du gazon bien entretenu des pistes.

Très enfantinement, elles sont joyeuses alors, les grandes soupeuses, et leur joie resplendit dans leurs yeux, dans le joli mouvement de leurs bras enveloppeurs et de leurs grâces frêles. Elles sont superbes sous l'architecture fastueuse et compliquée du chapeau ; toutes jaillies en sveltes lignes de la gaine des jupes et de la sangle du corset. Et la variété est louable de toutes ces filles venues de tous les coins

de la France et de la Planète, en hommage au Rut de la Ville. Le bouquet est verni, lustré, plus captivant que rien qui soit au monde, alors qu'il se déroule tant d'idées de gaîté, d'amour de soi-même, d'orgueil de plaire et de triomphe, dans ces têtes de filles érigées toutes droites ou assises sur des chaises, comme sur des socles.

LES AUTRES

Elles sont les habituées des promenoirs de music-halls ou des bals, et elles habitent le quartier Bréda. De jour, si l'on en excepte la rue des Martyrs et la rue Notre-Dame-de-Lorette, plus passantes et de continuel mouvement, leur quartier est reposé, tranquille, avec ses façades aux persiennes entre-closes et muettes. C'est la rue de Douai, par exemple, exhibant ses menus étalages d'injecteurs et de cuvettes, à côté de librairies vieillottes, où chancellent sur leurs tranches les romans de Dumas et *la Case de l'oncle Tom*. C'est encore la rue Laferrière, quiète rue à gros numéros, qu'affirment plus réellement des boules bleues ou vertes, pendues à certaines fenêtres ; — et ce sont les autres rues où se multiplient les hôtels et les appartements meublés, les lingeries et les herboristeries.

Dans ce quartier, les soupeuses sont maîtresses et reines. Les gens du négoce leur prodiguent, en effet, les établissements de bains (pédicures et manucures),

d'où elles sortent vernies, polissées, les chairs refaites, les muscles souples ; vous semblant très délicieuses, si vous les rencontrez au quitter de l'eau, tout imprégnées de parfums exhalant une fine odeur de chair humide, et ambulant prestement dans le peignoir qui les moule, ou qui, lâche, s'enroule autour de leurs hanches qui ploient.

Mais, il faut le dire, vous rencontrez aussi des vieilles et des obèses, qui vous font songer à de redoutables batraciennes, à des femmes-grenouilles, que l'on n'évoque que le derrière baigné dans l'eau et le corps appuyé sur les béquilles des bras.

Alors leurs pauvres misères physiques vous prennent : le ventre est plissé, le râchis creusé et la rotule copieusement gonfle. Puis le cheveu est rare, la mèche queue de souris ; et vous affligent surtout, hélas ! les pieds rouges, talés, bossués de cors et de durillons, les pauvres pieds de trente ans de fatigue, de trente ans de marche, par la pluie, par le soleil, par le gel, pauvres pieds calleux, pieds souffreteux, si honteux et si difformes.

Le soir, elles sont toutes aux music-halls. Parées, musquées, elles sont encore celles-là, comme les grandes soupeuses, très volucres, très paonnes ou très pintades, avec leurs attifements rusés, avec leurs chapeaux fous dressés comme des crêtes, avec leur corselet tendu et de couleur vive. Je les ai vues des soirs et des soirs, et quelquefois elles étaient très bébés-Jumeau avec leurs perruques teintes, leurs yeux d'émail, leurs lèvres rouges. Certaines aussi figuraient des Lolas de Valence — en harmonie rose et noire, — et d'autres, très impubères, portaient des cols ma-

rins, recouvrant une peau de sorbet, une chair fondante. Je les ai vues aussi le lendemain portant des manteaux comme des Impérias, ou bien très bergères, avec des pointes de carmin aux joues et le chignon haut.

Elles vont, elles viennent, par une, par deux, sanglées, les lèvres fleuries, les yeux brillants. Yeux des courtisanes, yeux métallisés, yeux qui guettent, yeux bougeurs, voici tous les yeux : yeux d'enfants, yeux clairs nuancés de mélancolie, yeux résignés, yeux d'apparat, yeux sans pensées, yeux d'agate, yeux larges, yeux petits, yeux ronds. Maquillés et fardés, peints et repeints, il plaît qu'ils brillent comme deux étoiles, deux étoiles qui sont des « mirettes », et qui fixent résolument l'éclat aveuglant des lumières.

Bas coulissiers, quarts d'agents de change, tenanciers de tripots ou fonctionnaires, commis ou employés, tous vous guettent et vous épient. Le cigare au bec, l'air agressif ou avec des mines de bêtes endormies, ils errent, ou, assis, lapent des bocks en remuant un tas de projets. Un degré au-dessous, c'est Prado ou Pranzini, et vous les rencontrez, ceux-là, toutes breloques ballotantes sur des culottes tendues, sur des gilets pou-de-soie. Ils sont musqués, et ils ont la peau blanche et douce des filles. Ce sont les « trop beaux pour rien faire », les suaves Alphonses et les chers Oscars; et vous imaginez qu'ils vivent, entre temps, près de vieilles dames tenant, dans des rues discrètes, des rues de prêtres, magasins de parfumerie ou d'antiquités.

Au demeurant, forts buveurs et rudes goinfres, devant eux s'écroulent les piles de fruits, les buissons d'écrevisses avariées; et si, pour eux, l'on taille et l'on dissèque sans cesse jambons d'York et d'Armour, c'est encore pour eux que le garçon, glabre et pommadé comme un joli cœur, brasse sans fin une salade confite de museau de bœuf.

Ils sont à l'aise dans cette atmosphère de salle où l'on mange, où toute une saumure se mêle à des lampées de bière aigre. Ils sont à l'aise, insolents et têtus, congestionnés ou verdis de bile; et, sur des tranches de pain, ils étalent, sans répit, des semelles fines, d'un rose fané, qu'ils barbouillent frénétiquement de poivre. Et la soupeuse, leur compagne, il faut voir, ici, comme l'homme prudent la rationne, barre son appétit, calme son désir de ribote.

Pour un tel spectacle il convient de hanter certains restaurants de nuit, d'ordre secondaire, au plafond sale, aux murs sales, aux piliers qui ont essuyé la crasse de plusieurs générations, où un pauvre étal de jambons et de veau piqué, de salades et d'anchois, est, en façon de reposoir, à l'entrée.

Si, au dehors, l'air est vif et pince, les visages tôt s'épanouissent. Il y a une détente, en effet, à pénétrer dans un coin tiède, à sentir sur sa peau le souffle chaud d'un poêle. On s'assied, on allonge les jambes, on se promet une heure délicieuse, et c'est vraiment une collation franche qui commence. Ce sont des gamins qui soupent, des rires et des joies amuseuses de filles qui s'ébrouent, et l'on mange et l'on boit, — et les pommettes rosissent et les yeux flambent. Mais vite la montée du désir se fait ; et l'homme alors redevient soudain avisé, l'œil inquiet, et il presse

la fille, il la bouscule pour le départ, pour la sempiternelle fin obligée des noces.

Mieux, il faut aimer encore d'autres restaurants, ceux par exemple qui avoisinent la gare Saint-Lazare ou qui sont aux Champs-Elysées, Bodegas ou Critérions; bars, pour mieux dire, peuplés de bookmakers, de gens d'écurie et de gens de maison; car voici, installés ici, l'étalage joli d'une verrerie de couleur, un buffet dressé de liqueurs et de fruits, une glace tapissant

tout le fond de la salle et celui du comptoir, et encore, entre des gravures représentant des sites du Far-West, des bouteilles trapues ou élancées, arborant des étiquettes vives comme des drapeaux. Et voici également un mobilier plus propre, des tables qui fleurent la térébenthine, des parquets luisants, le bar proprement dit comme reverni et la barre d'appui en cuivre tout flambant neuf. C'est l'image parée d'une cabine de pont, la salle à manger par petites tables d'un navire de commerce, dont le capitaine serait une fine bouche, un palais délicat. On y est vite à l'aise, secoué par le heurt des syllabes britanniques, et l'abondant détail des liqueurs exotiques encore ravit. On a la curiosité vraiment de goûter à tous ces Rye Whisky, à ces Mannhattan, à ces Brandy Shanteralla, à ces Whisky Sour et à ces Egg Flipp. On rêve à une ivresse toute londonnienne à cauchemars fous, où gambaderaient et virevolteraient, dans une atmosphère lourde, de comiques Hop-Frog et de prestes M. Punch.

Les hôtes, ici, sont très Footitt, ronds, obèses, réjouis, bavards, et escortés d'un groupe de petits chiens familiers et bruyants. La soupeuse, de son côté, y est très à l'aise, très libre, très compagne en un mot. Elle trempe également ses lèvres dans tous les gobblers et tous les punchs; et aujourd'hui, comme hier, on devine aisément que tous et toutes se plaisent dans ce décor de bouteilles, apprêtées comme pour une tombola, et couronnées de petits drapeaux de l'Union, au sommet.

Les heures s'écoulent avec le récit de prouesses sportives, avec l'énumération de laisser-courre célèbres;

et, aux murs, les yeux sont égayés par des estampes encadrées de poirier clair, et qui représentent des courses d'autrefois à Newmarket ou à Ascott.

Une très célèbre est telle :

Sous le ciel bleu et lumineux des belles journées d'Angleterre, imaginez l'enthousiasme, les passions d'une foule lâchée, débridée, qui se rue derrière les berlines, les mail-coaches et les chevaux. Imaginez l'explosion de joies et de rires et d'injures d'une kermesse, d'un Nijni-Novgorod des courses. Les berlines arrivent au galop, menaçant d'écraser la foule ; les mail-coaches, mi-partie jaunes, mi-partie noirs, dévalent à toutes roues et bondissent au galop de leurs quatre chevaux. Des cavaliers, allumés, franchissent les haies, les tentes, les sièges. Des chevaux, détachés, fuient à toutes jambes ; des gens, sous des tentes, se pochardent pour le hosannah de la Merry-England. Le long de la piste, la foule s'entasse et se serre ; on ne voit plus que des têtes surgir ; plus de bras, plus de jambes. Et cela est frénétique et cocasse. Dans les tribunes, les ladies et les lords attendent, impassibles. Et leurs vêtements amusent : habits, spencers,

justaucorps froncés et jupes à plis, hautes-formes pots d'enfants ; ladies, en chapeaux cabriolets, sous des petits parasols pointus. La clameur spéciale des courses, ce roulement de feuilles de tôle remuées, accueille les jockeys qui apparaissent, qui passent en trombe, les mains basses, le dos rond. Et les faces deviennent furieuses ; des trous de four acclament les sauterelles alezannes et bai-brunes que chevauchent des papillons omnicolores. A l'autre bout de la plaine, sous un pan de soleil, qui éclaire intensément l'herbe, des pugilats classiques se mettent en train, et les gnons pleuvent, les pochards s'abreuvent, des gens se soulagent, des chiens trottent, tandis que la trombe des chevaux roule, à grands coups de fouet, tragique et véhémente, emballée, furieuse, acclamée par cent mille voix anglaises.

Et cette estampe et les autres : chasses au grouse ou au renard, et encore petites estampes intimes, simples, où, par exemple, un bonhomme en habit ponceau, portant tromblon et culotte blanche, va l'amble sur une route, monté sur son cheval alezan et suivi de son chien, il fallait les dire, il faut les dire, car elles sont la naturelle et essentielle décoration de ces bars, hantés d'hommes de cheval et de filles. Et comme on les comprend bien tous et toutes dans ce milieu : eux, butors, hâbleurs, rudes mâchoires ; et elles, fines, menues, audacieuses, le corps d'un homme jeune, vêtues de redingotes longues ou de vestes droites.

Elles ont l'air, au surplus, d'être toujours en partance, équipées pour le voyage, avec des chapeaux peu encombrants et des capes simples. Elles furent les premières bicyclistes ; elles conduisent maintenant au Bois les « tonneaux » les plus réjouissants. Elles chevauchent des cobs ; elles sont camarades et familières, habituées des pistes, joueuses et pratiques, très boute-en-train et peu maquillées. Très spéciales, elles ne soupent guère ailleurs ; mais quelquefois, pourtant, il vous arrivera de les rencontrer, l'été, au pont de Suresnes, à Saint-Cloud, amoureuses de guinguettes, soupeuses pour une fois de banlieue, parce que dans ces salles s'entassent encore lads, bookmakers et entraîneurs. Soupeuses qui sont alors la joie des bals de nuit, quand elles apparaissent, prestes et décidées, éprises, voit-on tout de suite, d'élans et de sauts.

Elles s'y rencontrent avec les soupeuses élégiaques, les dernières Elvires qui proclament l'impossibilité absolue de souper congrûment à Paris. Et l'on ne songe point à en médire, quand on considère leurs mines attendries qui révèlent un contentement vrai, un bonheur enfin abouti.

Puis encore la grâce fanée du décor est un attrait certain. C'est toujours un décor blanc et or, aux trumeaux quelquefois peints, au plafond azuré et un peu roussi. On y voit une balustrade de parc — vases et statues — et, dans le ciel, gambadent, se chevauchent, s'enlacent et se délacent des Amours tout nus ; ou bien ce sont des idylles effacées, roses et marquises, œillets et galantins. Et voici le comptoir aux coupes de métal blanc, où se pavanent des pommes d'Angleterre et des reinettes de Middelbourg : et voici enfin le grand livre des comptes, qu'une dame, à longue chaîne d'or, surveille, la plume haute.

Tout cela est bien délicieux et vieillot. C'est un arrêt, croit-on, de la diligence ; un souper bref et, tout à l'heure, on repartira. Des chevaux s'ébrouent ; un coq claironne ; on remonte le seau d'un puits. Autrefois, il y eut ainsi des soupers des

gens de la Cour. Dans des parcs aux frondaisons rondes, sous des plafonds presque pareils, dans de presque identiques salles, où des Turcs peints balladinaient des odalisques, des hommes de noblesse, épée au côté, culottés de court et poudrés à frimas, tenaient tête à des filles d'Opéra, à des amoureuses alanguies qui se nommaient Madame de Parabère ou Madame de Faudoâs. On y buvait déjà des vins secs pour dérider les cœurs, pour rendre les lèvres chaudes. Puis, on tapageait, et l'on se défiait, le pistolet d'arçon au poing, pour les mêmes désirs et pour les mêmes plaisirs qu'aujourd'hui. Le costume et les choses composent seuls un changement certain.

Maintenant, c'est un monde hurlant et hurluberlu, soupeurs et soupeuses des dimanches, venus en automobile, à bicyclette, en « teuf-teuf ». Tout un hourvari de rires et de cris, mené par les amoureux de la route, qui ont remplacé les canotiers de Bougival, aujourd'hui à peu près défunts.

Je vois un splendide lot de filles aux bottes hautes parmi ces garçonnes assises ici, en parade. Elles ressuscitent pour moi une Gomorrhe particulière par leurs faces de « gousses » ; et elles sont superbes d'indifférence, et merveilleusement attirantes dans ce site, qui évoque une façon de jardin aux monts de l'Oberland.

Je ne regarde plus les « chauffeurs », les gentlemen du cycle, qui ont, dans les yeux, une lueur de si superbe amour de soi-même ; je les vois seules, maintenant, ces filles édifiées de guingois, je ne vois plus que ces jambes torses, ces faces blanches, roses et vertes, passées au badigeon des onguents, ces yeux fixes et ces nez en trompette, ces cheveux lourds et ces têtes grosses comme le poing, ces bassins amples et ces tailles frêles et ployantes et remuantes ; — toute une séduction d'hôpital et de maladrerie de l'amour.

Je les ai considérées de jour ces filles, dans un décor près de la Seine, dans un site de joie. Elles sont, en vérité, de curieuses arabesques sur le fond d'une architecture gaie, dans la coulée épaisse des feuilles. Elles sont les naturelles hôtesses du site hurluberlu, — meeting des binocles-bicyclettes, décors exhumés des fêtes du canot de Bougival et d'Asnières. Et elle roule le long du fleuve, leur chevauchée, la chevauchée de tout le jour : défilé de pantalons d'Afrique réjouissants, exagérant des ampleurs de fesses sous le boléro droit des « corridas ».

Décors appropriés, paysages de cases idoines, certes. Dans un site de charbonnages, d'usines à cheminées hautes, poussée saugrenue de restaurants-terrasses et de tonnelles abondamment moussues. Le dimanche, le tumulte des pianos remplace le martèlement des labeurs de la semaine ; et des cors égayent la procession sur des machines, devant la mâture lourde des usines, closes et comme abandonnées, à la voir passer, la procession faisant tintamarre de clochettes, de grelots et de trompes.

Quand, frénétiquement, les raies du soleil ardent, ce site devient étonnant, absurde. Une architecture de poteaux et de terrasses regorgeantes évoque des loges d'aliénés en délire : une kermesse de loufoques virant sur des roues, dans une cohue de voitures et de gens, chiens qu'on écrase, et filles qui vont par deux, et les smalahs des boutiques vidées, dans un endimanchement de redingotes et de cols roides, de jupons empesés et de fraîches guimpes.

Le soir, la kermesse est lourde, s'appesantit, tandis que les globes blancs s'allument sous la voûte des arbres, et que des musiques de tziganes pleurent leurs lamentos.

Durant des heures, au contact des démentes du cycle, la vision s'établit d'un campement d'ailleurs, la mêlée soudaine d'un caravansérail d'âmes troubles et de figures lasses ; des fantasmagories de gestes et d'attitudes ; et c'en est fini, maintenant, de l'aspect de laiterie, de cases quasi-humbles au pays helvète. Le jardin agrandi d'enfant fait place à présent à des garçonnes exquises et à des gîtons frais et roses, fleuris, en partance pour quelque sabbat, et qui chuchotent aux arbres des choses lubriques.

Puis, la musique reprend son boniment, et apparaît alors le décor resserré d'un coin de parade suburbaine, avec une cohue tapageuse de filles.

— Irma ! Irma ! tu m'ensoleilles.

— Tu l'as dit, ô mon costeau.

— Allez, virez, virez, pervenchettes et sansonnettes.

Certaines, certes, amusent et déconcertent. Elles participent à la fois, celles-là, de l'institutrice et de la fille d'une maison qui serait, en de justes mesures, puritaine. Elles semblent usées et boivent des liqueurs sucrées, des sirops quasi sans eau, des gelées de groseille et d'orgeat ;

alors que d'autres, plus jeunes, plus gamines, plongent carrément leurs museaux dans des liqueurs âpres et rébarbatives. On dirait d'une pension en promenade, perdue sous des marronniers, un soir, si leurs gestes n'avaient pas tant de vice inquiétant et sûr.

Mais toutes sont d'intérêt réel sous les lueurs bariolées des entours. C'est un superbe et abondant maquillage de rose, de bleu, de vert et de jaune, passé au tamis des gammes chromatiques les plus rares ; — et de la joie exubérante piaille, quand la musique scande un air de danse.

La musique, toujours, en ce site !

Elle va de son même train de course, ou elle s'attarde et s'éplore sur des rencontres d'âmes.

Mais le décor, il faut bien le dire, sera décisif seulement quand on édifiera un choix de fête foraine ; quand des baraques à treillages abriteront des parades de filles, les prouesses et le déchet usé, désuet, mais transformé ici, des femmes-torpilles et des femmes-sauvages.

Puis relever cela de choses neuves, aller au delà de l'indication fournie en certaines fêtes, ce serait bien. Par exemple, l'Helvétie délaissée, il y aurait à composer des paysages de pagodes et de maisons jolies, —

tuiles émaillées, faïence, bois verni, — au bord de lacs clairs, — dans un bosquet d'arbres nains, — sous un ciel de porcelaine.

Et, la nuit faite, les lumières seraient roses, blanches, vertes, bleues. Il y aurait abondance de kiosques : toute une architecture svelte, quasi toute de treillages et de petits bois, arrangés en arcs, en carrés, en losanges ; et on édifierait encore le retroussis de menus toits, la mièvre fuselée de colonnettes accouplées et la fantaisie de vis montant aux flancs de la case, avec, en haut, le spectacle d'une fille girant ou envoyant gaillardement, au bout de son pied, des assiettes et des sphères creuses.

Et les soupeuses ambuleraient dans de la nature de sorbets et de panachés. On revêtirait des plus folles couleurs les cases ; ce serait le triomphe de l'artificiel et du maniéré, avec de la musique de triangle et le nasillement de la flûte. Ce serait pastoral et régence ; les filles y tâcheraient vers de la puérilité d'attitudes et de gestes, et se mireraient, en se ployant, aux glaces fleuries et guillochées des cases.

CELLES QUI DINENT

Elle ne soupe pas, elle dîne! C'est la légende d'un dessin de Forain, qui classe toute une autre catégorie de filles, habituées des restaurants de Montmartre ou des Halles. Oui, elles ne soupent pas, elles dînent, celles-là, après toute l'étape du jour, et couvées par l'homme qui les attend, qu'elles ont traîné là en séance préparatoire, en avant-goût de la portion de nuit qui reste à fournir.

La salle est ordinairement basse, roussie, avec un décor de simples glaces et de banquettes en moleskine. Quand des couples y sont entassés, il faut entrer d'un bond, si l'on ne veut pas reculer devant le faguenas du lieu. Vous connaissez le souffle tiède et fade des salles d'hôpital ; voici l'odeur pareille des filles trop fardées, la houle des benjoins sur des chairs fauves.

Tous les globes allumés, l'atmosphère a été vite saturée de musc et de fumée de

pipes; mais, malgré les picotements qui naissent sous les paupières, on s'alourdit bientôt, avec une lâcheté à gagner la porte et à sortir.

Des gens causent avec la dame d'aspect très vénérable ou très chafouin qui siège au comptoir ; les garçons, comme des maîtres à danser, font de savantes glissades en balançant sur le poing des plateaux ; et la porte, qui s'ouvre et se ferme très vite, laisse passer des brises de caves, fait s'ébrouer tout le monde et glace d'un frisson des filles très blanches, escortées d'un ami qui leur vante la tiédeur du lieu.

Mais l'heure est surtout redoutable quand, la salle pleine et les filles saoules, toute allègre consommation de plats est accomplie. Ce n'est plus, en effet, l'espèce de mise en train, la toute petite joie active d'un estomac en bonne humeur, le contentement à chipoter une tranche de viande froide, décorée de concombres marinés dans un vinaigre sec ; ce n'est plus l'aise de se retrouver entre amis, de se happer au passage, de ficher des baisers vifs sur des nuques molles ; ce n'est même plus l'ébrouement heureux de gagner enfin, si l'hiver sévit, un endroit bénin, soigneusement chauffé ; car, tout cela a disparu, et tous les organes maintenant dorment. C'est un paquebot, un fond de cale, qui vogue dans le noir ; c'est un tas de corps repus, un étal de chairs mortes, des faces de Morgue, des bustes de cire avec des pommettes roses ou bleues, des bouches tordues ou détendues.

Et ici se marque la série de ces filles qui ne réussirent point. Quelques-unes jeunes, certaines jolies, elles apparaissent néanmoins toutes comme les Maries-Guenipes d'un

solde de ville, comme le dessous du panier d'un lot de prostituées. Mais leur effort de vivre prend, l'inutilité de leur existence est mélancolique, si leur tâche à plaire est ingénieuse et active. Ah ! le style des toilettes dont elles se vêtent, des chapeaux dont elles se coiffent. Ces petites Théodoras de meublés, ces chères Impérias ont d'amusantes robes, des justaucorps fous, de singulières vestes. Elles arborent les chapeaux fastueux, les vergers et les derrières complets d'autruches que portent les filles de marque. Elles retiennent quand elles paradent, quand on les voit un instant, en pelotons compacts, défiler.

Leur beau physique est un tel poème ! C'est d'abord un régal triste la vue de ces chiffortonnes, de ces naines ou de ces géantes, de ces maigres ou de ces obèses ; puis, on est pris par le spectacle de leurs allures sautillantes ou appuyées, remuantes ou lentes, allègres ou chagrines. Et elles sont pourtant, certaines nuits, si laides, ces soupeuses ; mais si étonnantes avec leur aplomb de montrer de telles faces au désir, il est vrai, solide, de l'homme.

Des propos, autour d'elles, s'échangent.

— Elle ne peut plus embrasser, son râtelier est cassé.

— Et son nez, il doit s'ennuyer, il pleure tout le temps.

— Ah ! c'est gai de faire la noce !

Oui, le « turbin » est rude ; il vous gonfle encore l'estomac ou il vous plisse le ventre comme une outre sèche ; mais des nuits, des nuits chaudes, alors que Paris cuit et mitonne, alors que la ville est mûre pour tous les désirs, elles offrent bien, certaines, une saveur de fruit aigre, un aspect amer et poivré, une chair possible. On rêve à un compagnonnage désirable, à une fin souhaitable, à un partage congruent d'appétits. Elles sont, au reste, d'ordinaire très garçonnières et d'allure décidée, virile presque. On se dit aisément, après des jours solitaires et nus, que voilà l'être espéré, à peine femme, un compagnon de souper comme il convient, à peine bavard, à peine quinteux, à peine accablé de toutes sortes de maux; on se dit enfin qu'avec un tel être, on va se dédommager en ne parlant plus d'éditions, de pièces ou de gazettes; on se promet une heure certaine d'apaisement, de joie lointaine retrouvée; on se dit qu'il sera enfin possible de causer sans pose, tout à vrac ; et, vite, on tente l'aventure !

Mais, là encore, bien entendu, la désillusion est complète. On est tombé sur une fille de sport, qui monte à bicyclette, qui conduit un motocycle, qui roule, les yeux engrillagés, en automobile ; et aussitôt l'antienne commence. Toutes les courses vélocipédiques, tous les exploits des chauffeurs sont commentés, critiqués ; c'est une revue de célèbres jarrets et de records illustres. Ce n'est plus, cette petite soupeuse, une femme, c'est un annuaire du Touring ; et ses pareilles étant nombreuses, on pense tout de suite aux hommes qui les hantent.

Ceux-ci encore, je les ai suivis, étudiés. Ils m'ont fourni d'amusants et de singuliers aspects, car ils sont bien, en général, les plus décidés des niais que cette Ville contient. Ils sont de toutes les catégories sociales, mais leur beau physique, aussi, les classe et les rassemble. Sans doute, leurs soupeuses, je l'ai dit, ne sont point de haut ragoût; mais, pourtant, avec un expert maquillage, avec un décisif rehaut de toilettes, avec une mise en train soignée d'artifices, elles peuvent, un instant, plaire : tandis que les

Némorins qui les escortent, qui voudrait les célébrer, puisque la plupart du temps ils sont non seulement laids, hideux, mais encore pustuleux ou eczémateux !

Roquelaures et Roquentins, quelques-uns sont vieux, très déprimés. Ce sont ceux-là qui « régalent » enfin, qui offrent le pain quotidien. Honteux et pingres, les filles les investissent, les prennent d'assaut ; puis, quand leur panse est pleine, elles jettent dehors, avec des injures, ces pères nobles de la bière et de la choucroute. Dites-vous souvent que les derniers fiacres que vous entendez rouler à la pointe menue de l'aube, ramènent à domicile ces attardés de l'amour.

Ah ! certes, elles sont plus intéressantes, les vieilles soupeuses qui demeurent, qui luttent ride à ride, pli à pli, dent à dent, contre le temps ! Les jeunes, comme on s'y attend, les accablent de huées ; mais cependant le vif spectacle qu'elles donnent !

Elles sont, ces vieilles retroussées, ogresses, entremetteuses, tireuses de cartes et somnambules ! Elles ont des recettes pour conserver l'amant que l'on aime, pour se garer des grossesses, pour garder les dents blanches et la peau froide. Elles arrivent avec un réticule gonflé, et elles commencent leur boniment. Elles ont vu bien des choses et elles donneraient d'utiles avis, de louables conseils, si, à leur tour, les jeunes voulaient les entendre. Elles sont vêtues cocassement de dessus de lits, de housses pour fauteuils, de châles au plumetis. Leur chapeau est une cloche à plumes ou il porte un verger : cerises, abricots, prunes, courgettes et framboises.

Leurs manches de parapluies, ce sont, croyez-moi, des bois des îles, avec des petites pommes de verre, des cols de cigognes altérées ou des becs de canards poussifs, et travaillés, et guillochés, et ciselés, à ravir, à émouvoir. Cuites, recuites, minces ou obèses, carnassières ou cuirassières, elles gesticulent, elles volubilent, et révérences par ci et révérences par là, et derrière en avant et derrière en arrière, vous pouvez voir ! Et puis, pfutt ! les voici ici ! et puis, pfutt! les voilà là-bas! Vieilles soupeuses, vieilles dîneuses.

Il en est pourtant de terribles et d'inouïes dans les quelques-unes qui ne disent rien, dans les farouches qui s'assoient devant une table, et que le garçon lui-même n'ose pas déloger. Elles sont pour la plupart celles-là de sauvages alcooliques, et leurs yeux sont fixes, brûlants. On n'a plus envie de sourire de leurs pauvres ajustements, tant elles apparaissent violentes et résolues. Leur crâne est comme fumant de haine et de colère; et elles sont merveilleuses quand, les traits plombés et les lèvres frénétiquement closes, elles guettent l'homme qui les nourrira encore cette nuit.

A l'opposé, heureusement, les autres vieilles soupeuses, les loufoques et les vieilles chèvres, sont douces et maternelles, il faut voir comme. Les chères mains blanches des petites, par exemple, comme elles les prennent, comme elles les pressent !

— Voyons, mes chéries, venez à moi, là, tout près de moi.

— Venez, on est, allez, plus doux que des mères, pauvres petites mignonnes, bien mijotées, bien sucrées.

Gibier très tendre, gibier achalandé, elles furent, après tout, cela aussi précisément, celles dont le corps est maintenant un charnier gonflé de tous les vices et dont l'âme connait toutes les hontes.

Vieille dîneuse, vieille rabatteuse,

elle a dù souvent des soirs, saoule à battre de la tête les tables, manger et boire par contrainte, pour rabattre le client. Cette nuit, dans ce café proche d'un music-hall, c'est sa pareille que je vois, les yeux défoncés et perdus, la face morte.

Elle est grasse et jaune — et sans apparat. Elle doit manger et boire toujours, arroser de pale-ale et de stout des jambons de Westphalie, fumés aux entreponts de la Villette, — souper avec fringale et entrain, sous l'œil vigilant de la dame du comptoir qui la couve, à cause du tant pour cent sur les affaires. Aussi elle s'exténue, la soupeuse, et elle se gonfle de gelées et de viandes, au tissu desséché et fané, qui marinent dans la fumée des pipes, entre des bocaux de pickles et de Red-Cabbage.

Elle ruse, et elle chipote bien, du bout des lèvres, une mince, très mince tranche de ces cartons peints, comme les débitants de vin, qui sont contraints de boire, en usent avec les liquides ; mais elle en a assez, vraiment, de ces semelles de viande, dont la générosité intéressée du patron la gave.

Je la vois à cette place comme un meuble nécessaire, comme le surtout vivant, plutòt, d'un étalage de pâtés, de jambons et d'écrevisses, dans une bordure de persil ; et sa bouche qui serait trop pâle, qui décélerait le mauvais profit des viandes chipotées ici, elle l'ensanglante sauvagement, tous les quarts d'heure, avec un bâton rosat, caché dans la paume de sa main.

Cette nuit, sur les vitres du café, l'eau suinte et pleure, et voici l'ordinaire venue d'un personnel affamé et altéré, sorti du music-hall voisin. C'est alors, pour elle, la soupeuse, une trêve consentie, un armistice pour son estomac. Le café ressemble bientôt à l'entrepont d'un convoi d'émigrants; et les visages se noient, s'effondrent, dans la trame tissée d'un brouillard d'haleines et de fumées de pipes.

De solides jurons, des rires, et puis le bateau nage en silence, avec des interpellations brèves, les jets de parole des commandements à la mer, et aussi les vives apostrophes des dangers du cirque. Ressaisies dans la température tiède, les pensées des acrobates sont faites maintenant de l'inquiétude et des transes du souper à assurer pour demain, pour toute la vie, malgré les maladies et les casse-cou; tandis qu'elle, la soupeuse, elle se dit qu'il lui faudra, sans répit, recommencer à souper demain, toujours.

Pauvres soupeuses, pauvres dîneuses ! Mais il en est d'autres encore, filles Elisas, Maries Coup-de-Sabre, dans ce quartier de l'amour qu'est l'Ecole militaire, dans cet îlot des avenues guerrières où achèvent de vivre, parmi les fleurs et les treillages à fioritures, les dernières maisons closes et les derniers estaminets.

Soupeuses pour sous-officiers, brigadiers et soldats, il faut les débusquer, en préambule, dans les bals-musettes, où, aux sons d'un cornet à piston et d'une flûte, leurs amis, des êtres en blouse, en veston, cravatés de rouge et la poitrine offerte, encornés comme les bœufs et rigoleurs, se tapent sur les cuisses, frappent le plancher, écartent les bras et les ferment, accélèrent un mouvement de va-et-vient des rotules et glapissent, alors qu'elles-mêmes sautent, tournent et virevoltent, et tombent à plat, les jambes ouvertes.

Une joie vous gagne à les retrouver, ces filles, attablées devant leurs soldats : sous-officiers freluquets et frisés, soldats balourds, les mains grosses de gestes retenus.

Il en est certes des tendres et des généreuses, mais la fille Elisa est connue ; il vaut mieux évoquer la galapiate, la hideuse souillarde qui rase les murs, la détrousseuse et l'assassine. Elle soupe aussi, celle-là, elle emmène son soldat dans des meublés, où les marches de l'escalier clodochent. Et, vue en pleine lumière d'une lampe fumeuse, elle épouvante avec sa face terne, ses yeux vides, sa bouche édentée. Cadenassé, le soldat doit subir ses caresses, se prêter à son désir ; et, pendant ce temps, il songe, le porte-sabre, comme il aurait mieux valu qu'il allât au *Café de Malakoff*, où le vin est mollet et tiède, où la fille est plus reposante. Pourtant, quand il aura rejoint la chambrée, ce sera par lui, ce sera par son récit que demain, pour la terrible soupeuse, un autre soldat découchera.

Elle a, paraît-il, des « artifices ».

TABLE DES MATIÈRES

ÉVREUX, IMPRIMERIE DE CHARLES HÉRISSEY

www.ingramcontent.com/pod-product-compliance
Ingram Content Group UK Ltd.
Pitfield, Milton Keynes, MK11 3LW, UK
UKHW021821190726
13853UKWH00003B/1119